God leren kennen & liefhebben

God voorstellen aan kinderen van alle geloven

DOOR THE SINCERE SEEKER KIDS COLLECTION

God

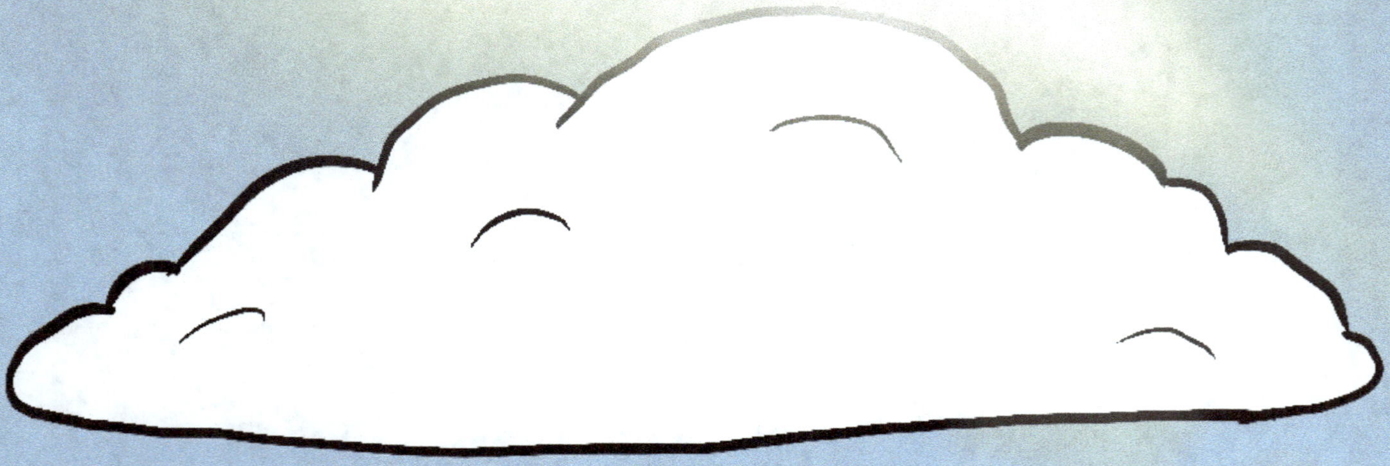

GOD IS DE ENIGE.
GOD IS ONZE SCHEPPER.
GOD BESTUURT EN ZORGT VOOR JOU EN MIJ EN ONZE
GEZINNEN EN ALLE ANDERE.
GOD GEEFT ONS ETEN EN EEN KNUS WARM BED
WAAR WE VEILIG EN GEZOND ZIJN.
GOD IS VER BOVEN DE HEMELEN.

GOD SCHIEP GROTE PLANETEN EN KLEINE PLANETEN.
GOD SCHIEP DE AARDE VOOR ONS OM OP TE LEVEN.
GOD SCHIEP FONKELENDE STERREN OM ONS LICHT TE GEVEN.
GOD SCHIEP HET HELE UNIVERSUM.

GOD SCHIEP DE **VOLLE** MAAN.

GOD SCHIEP DE DONZIGE GRIJZE WOLKEN.

GOD LAAT REGEN OP DE AARDE NEERDALEN OM HAAR TE VOEDEN EN TE REINIGEN.

GOD LAAT DE WIND IN VERSCHILLENDE RICHTINGEN WAAIEN.

GOD LAAT DE ZON HELDER SCHIJNEN.

GOD HEEFT KOUD WATER EN WARM WATER GEMAAKT.

GOD HEEFT PRACHTIGE BLAUWE RIVIEREN GESCHAPEN.

GOD SCHIEP DE Grote Golvende OCEAAN.

GOD SCHIEP DE DIEPE DONKERE ZEEËN.

GOD LAAT DE golven BEWEGEN EN RIJZEN.

GOD SCHIEP HOGE *Rotsachtige* BERGEN.
GOD SCHIEP KLEINE BESNEEUWDE BERGEN.

GOD SCHIEP BANANENBOMEN EN SINAASAPPELBOMEN
VOOR ONS OM VAN TE ETEN.
GOD SCHIEP HEERLIJK GEURENDE BLOEMEN VAN VERSCHILLENDE
soorten EN KLEUREN VOOR ONS OM VAN TE GENIETEN.
GOD HEEFT GELUKKIGE FAMILIES GESCHAPEN OM SAMEN TIJD DOOR TE BRENGEN.

GOD SCHIEP LIEFHEBBENDE OUDERS OM VOOR ONS TE ZORGEN EN VAN ONS TE HOUDEN ZODAT WIJ GOED VOOR HEN ZOUDEN ZIJN. GOD SCHIEP LEUKE BROERS EN ZUSSEN OM VOOR JOU TE ZORGEN EN VOOR JOU OM VOOR HEN TE ZORGEN.

GOD SCHIEP GROTE DIEREN ZOALS DE AFRIKAANSE OLIFANTEN
EN BRUINE BEREN EN
GROENE ALLIGATORS MET SCHERPE TANDEN.

GOD SCHIEP KLEINE DIEREN ZOALS
HET KLEINE LIEVEHEERSBEESTJE EN DE ZOEMENDE
HOMMEL. GOD SCHIEP SPRINGERIGE
SPRINKHANEN,
PIEPKLEINE MIEREN, EN VLIEGENDE LIBELLEN.

GOD HEEFT VOEDZAAM ETEN GESCHAPEN OM ONS LICHAAM TE HELPEN GEZOND & STERK TE WORDEN. GOD SCHIEP LEKKERE DRANKJES VOOR ALS JE DORST HEBT. GOD SCHIEP PAARSE DRUIVEN, LEKKER VERS BROOD, GELE KAAS, SAPPIGE KIP, EN HEERLIJKE RODE APPELS.

GOD SCHENKT MENSEN HET LEVEN EN SCHENKT HUN OOK VELE DINGEN.
GOD HEEFT ONS EEN COMFORTABEL HUIS
GESCHONKEN OM IN TE WONEN,
EEN AUTO OM MEE TE RIJDEN, ONS FAVORIETE
SPEELGOED OM MEE TE spelen,
ONZE BEIDE HANDEN OM DINGEN TE MAKEN EN ONZE
BEIDE VOETEN OM TE LOPEN,
ONZE OGEN OM TE ZIEN, ONZE OREN OM TE HOREN, EN
ONZE MONDEN OM TE ETEN EN TE PRATEN.

GOD ZIET EN WEET ALLES
WAT ER GEBEURT.
GOD HOORT ALLES WAT
GEZEGD WORDT.

GOD IS ZEER LIEFDEVOL.
GOD HOUDT HEEL VEEL VAN ONS.
GOD ZORGT HEEL GOED VOOR ONS.
WIJ MOETEN OOK VAN HEM HOUDEN.

AL HET GOEDE KOMT VAN GOD.
GOD IS HET LICHT VAN DE HEMELEN EN
DE AARDE.
GOD BRENGT LICHT IN HET HART VAN
DE MENSEN.

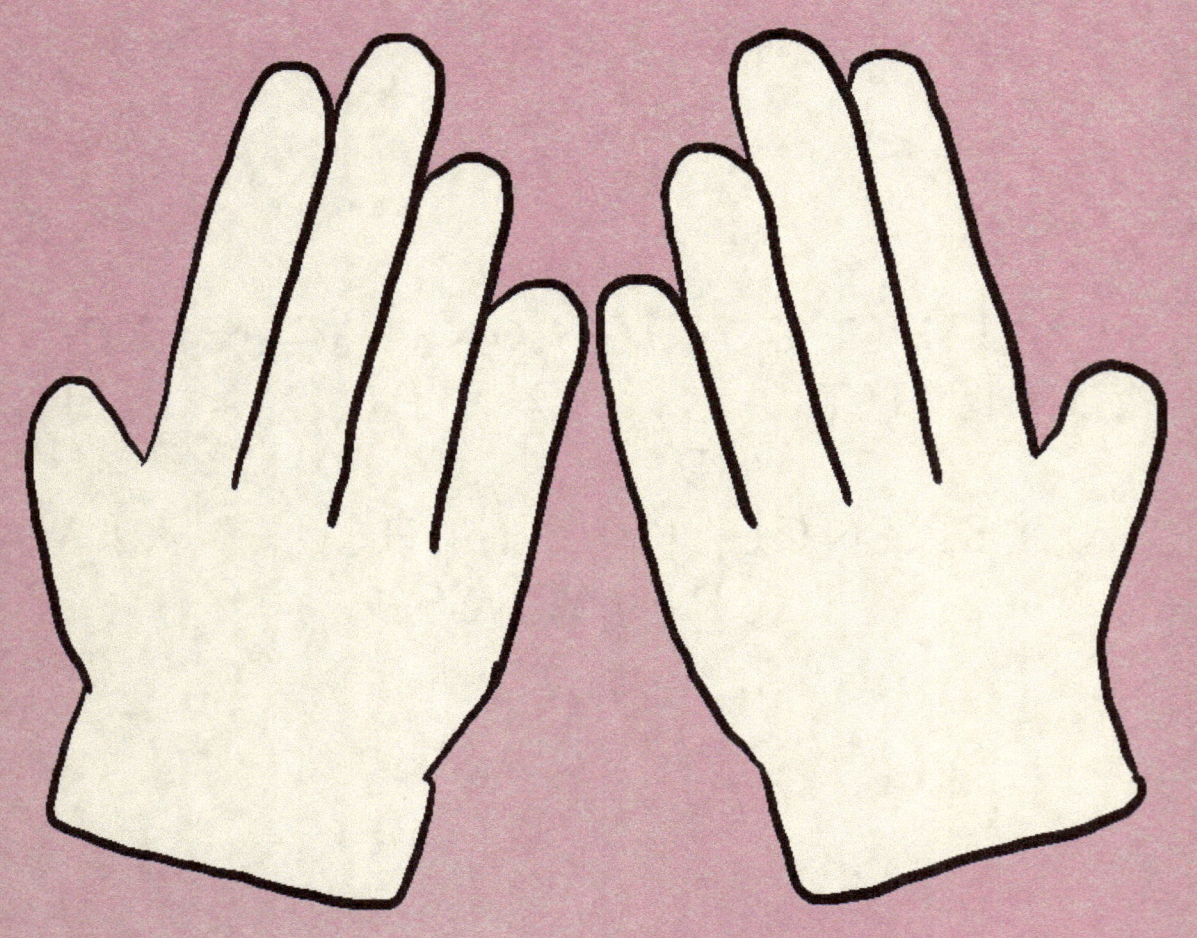

WIJ BIDDEN TOT GOD OMDAT GOD ONS
GESCHAPEN HEEFT EN VAN ONS HOUDT.
EN WIJ HOUDEN OOK VAN GOD.
GOD VERHOORT ONZE DUA-GEBEDEN
WANNEER WIJ HEM EROM VRAGEN.
WE MOETEN ALTIJD MET GOD PRATEN.

GOD ZAL DE GOEDE MENSEN HET PARADIJS
SCHENKEN, WAAR ZIJ ALLES ZULLEN KRIJGEN
WAT ZIJ ZICH WENSEN EN WAAR ZIJ NOG
LANG EN GELUKKIG ZULLEN LEVEN.

THE END.